I0059231

$0\frac{3}{6}$
298

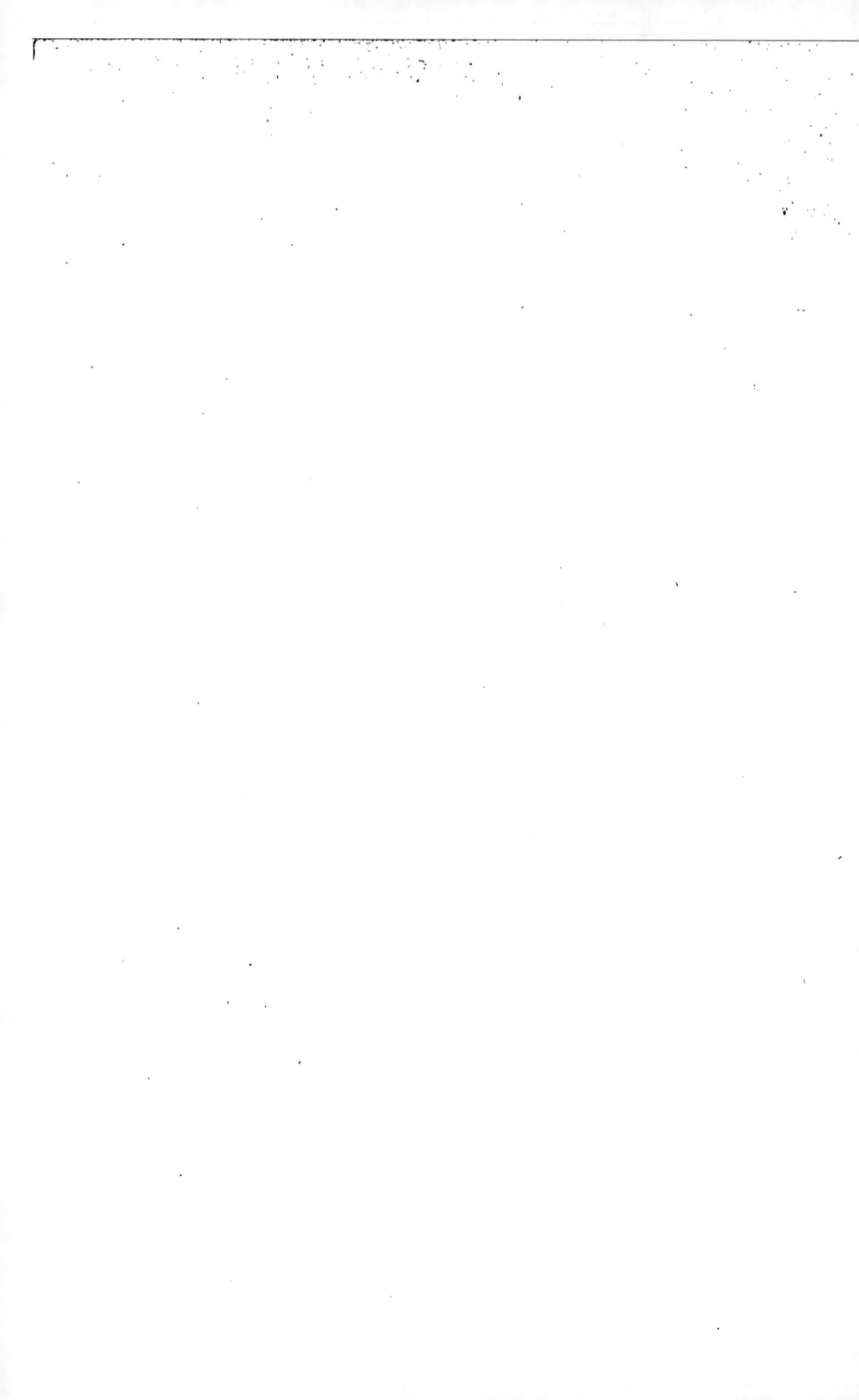

UN MOT

AUX ACTIONNAIRES

DU

CANAL DE SUEZ

PAR UN

Ex-Chef de Section aux Messageries impériales

DEPOT LÉGAL.
Seine
n° 234
1869

PRIX : UN FRANC

SE VEND

CHEZ TOUS LES LIBRAIRES

INTRODUCTION

Au moment où les actionnaires de l'Isthme de Suez sont convoqués en assemblée générale pour le 2 août prochain, au moment où le vice-roi d'Égypte va dans toutes les cours d'Europe inviter les souverains à assister à l'inauguration du canal, nous pensons qu'il est de notre devoir de présenter aux actionnaires, sur l'avenir de l'entreprise, quelques réflexions inspirées par notre expérience et notre parfaite connaissance du sujet, et de rappeler aux souverains, qu'à l'époque où nous sommes, il peut être dangereux d'aller à plaisir au-delà des mers, s'engager moralement, quand rien ne les oblige à assumer une pareille responsabilité.

Le mois d'octobre prochain va voir les flots de la Méditerranée se réunir à ceux de la mer Rouge, et donner ainsi un démenti aux incrédules et aux détracteurs de tous pays, qui, depuis dix ans, n'ont cessé de trouver des impossibilités à l'exécution de ce gigantesque travail. Le monde entier est convoqué à l'inauguration du canal de Suez, en même temps qu'au triomphe de l'homme persévérant qui n'a pas craint d'aborder courageusement toutes les difficultés, convaincu que les plus grands obstacles matériels s'évanouissent devant la puissance des capitaux.

Nous ne sommes point un esprit chagrin et notre intention n'est pas de troubler de légitimes allégresses, nous serons heureux de partager la satisfaction de tous ceux qui ont eu foi dans l'avenir du canal, si cet avenir répond à leurs espérances ; mais nous pensons qu'il convient dès aujourd'hui, pour prévenir de trop grandes déceptions, d'émettre une opinion basée sur une connaissance exacte de la question. A tous les points de vue, nous pensons qu'il peut être utile de présenter quelques considérations résultant de l'expérience acquise en dix années d'études, sur la navigation et le commerce des

Indes, et nous sommes persuadé que notre conscience ne sera suspectée par personne, en poussant une note destinée à tempérer l'explosion de joies intempestives si elles ne devaient être justifiées dans un avenir prochain.

Donc, ou nous aurons tort, et nous l'avouerons en toute humilité, ou nous aurons raison, et nous ne regretterons pas d'avoir émis publiquement notre opinion.

Nous allons examiner les différentes raisons qui nous font redouter que l'exploitation du canal maritime ne se présente sous des auspices désastreux; mais aujourd'hui que l'œuvre est terminée, nous désirons vivement que nos appréciations, si elles ne sont erronées, du moins ne se justifient pas.

*
* *

De son propre aveu, la Compagnie ne compte pas, pour traverser le canal, sur une grande partie des voiliers faisant aujourd'hui les voyages de l'Inde; elle a parfaitement raison et nous allons démontrer l'impossibilité absolue où sont les voiliers de suivre la route d'Égypte de préférence à celle du Cap.

La navigation dans la mer Rouge est un problème à peu près insoluble pour des navires à voiles autres que les barques qui aujourd'hui, exactement comme dans l'antiquité, du temps de Salomon et des Pharaons d'Égypte, longent les côtes à des époques déterminées de l'année et font un commerce de cabotage auquel les Arabes, suivant leurs habitudes de temporisation, consacrent tout le temps voulu. En effet, outre que la mer Rouge est très étroite (30 lieues en moyenne) et ne présente pas l'espace nécessaire aux évolutions d'un navire, outre qu'elle est hérissée d'îlots volcaniques et de nombreux récifs de corail, elle est, vers le milieu de sa longueur, soumise à certaines époques à des calmes complets dans une température torride, et dans ses deux parties extrêmes à des vents dont les courants constants ont lieu en sens contraire. Le golfe Arabique, comme l'océan Indien, est soumis du mois de mars au mois d'octobre à la mousson nord, et de novembre à mars à la mousson sud, excepté dans sa partie supérieure où le vent du nord est à peu près constant toute l'année.

Un voilier partant de Suez avec la mousson nord est mené sans difficulté jusque dans les environs de Massaoua, mais au fur et à mesure que la brise s'avance vers le sud et atteint la partie la plus large du golfe, elle diminue d'intensité et la plupart du temps manque complètement. Un navire, arrêté par le calme dans ces parages et avant d'avoir franchi le détroit de Bab-el-Mandeb, à la sortie duquel il retrouverait le vent favorable, peut, s'il est surpris par le changement de mousson, être enfermé dans la mer Rouge, sans possibilité d'en sortir pendant cinq mois.

Si, au contraire, un voilier arrivant des Indes avec la mousson sud franchit le détroit, il pourra, sans autres difficultés que les dangers, remonter la mer Rouge jusqu'à la hauteur de Djeddah, à 300 milles de Suez, et vers ce point il rencontrera inévitablement la brise du nord contre laquelle il lui sera impossible de lutter.

Si l'on envisage que la navigation dans l'océan Indien est soumise aux mêmes moussons, et qu'un voilier ne peut se rendre de Périm aux Indes que de mars à octobre, et n'en peut revenir que de novembre à mars ; si l'on songe d'autre part que la moyenne de traversée est de 25 jours pour aller de Marseille en Égypte, et de deux mois pour y aller d'Angleterre en passant par Gibraltar ; qu'indépendamment de ce temps, un navire est exposé à séjourner plusieurs mois dans la mer Rouge, qu'il ne peut effectuer le trajet de ce point aux Indes qu'à une époque déterminée de l'année, on comprendra facilement qu'il sera exposé à moins de retard en passant par le Cap, surtout si l'on tient compte des progrès de la navigation à voile dans ces parages, où, d'après les habitudes américaines, les commandants de navires vont chercher dans le sud, loin du cap de Bonne-Espérance, des vents ou plutôt des ouragans constants qui leur permettent de faire route, et l'on ne pourra tirer de ces faits d'autre conclusion que nous-même, c'est-à-dire l'impossibilité absolue pour les voiliers de substituer à la route du Cap celle d'Égypte qui exigerait plus de temps, quoique la distance fût considérablement diminuée, et les grèverait en outre d'un droit de passage que la plupart des marchandises ne comporteraient pas.

La traversée moyenne de Liverpool à Bombay ou Calcutta, par le

Cap, est de 100 à 120 jours ; nous avons la certitude que les voiliers qui tenteront de passer par l'Égypte, naviguant dans les meilleures conditions, mettront au minimum autant de temps et ne renouvelleront pas leur expérience ; aussi notre conviction la plus profonde est qu'aucun navire à voile ne pourra avantageusement choisir cette route et que celle du Cap ne sera abandonnée par aucun.

Les différentes considérations qui précèdent ont été entrevues par la Compagnie de Suez elle-même, qui se voit forcée d'admettre que la réunion de ces circonstances présente un obstacle sérieux à la traversée du canal par les voiliers, et elle compte sur la démonstration des avantages que présentera l'emploi de la vapeur pour le commerce avec l'extrême Orient pour justifier ses espérances.

*
* *

Étant admis que les navires à voiles ne pourront passer par le canal, nous allons voir dans quelle proportion ils pourront être remplacés par des vapeurs.

Nous eussions désiré voir la Compagnie, en exprimant la conviction que cette transformation de la navigation s'effectuerait par suite de l'ouverture du canal, établir par des chiffres les avantages qui en devraient découler pour les armateurs appelés à opérer cette transformation.

Certes, si l'emploi des vapeurs pouvait se généraliser utilement dans la marine marchande, nous serions les premiers à nous féliciter du développement apporté aux relations commerciales par la rapidité des communications ; malheureusement nous ne pouvons admettre que le problème de la substitution de la vapeur à la voile puisse être résolu tant que l'on n'aura pas trouvé pour la force motrice un nouveau mode de production.

Nous allons, à l'appui de cette opinion, exposer les raisons qui rendent la transformation de la marine marchande peu probable en général et impossible dans le cas particulier de la navigation de l'Indo-Chine.

En thèse générale, la navigation à vapeur est ruineuse : que si quelques Compagnies effectuant les services postaux, recevant d'énormes subventions, transportant les passagers à des prix exagérés, n'embarquant que des marchandises riches qui peuvent supporter des frets onéreux, réalisent des bénéfices, il ne s'ensuit pas que les vapeurs ne jouissant pas des mêmes priviléges puissent donner des résultats analogues, j'en appelle aux rares armateurs qui se donnent le luxe d'armer des vapeurs pour le commerce. On peut dire, sans crainte d'être contredit, qu'à une ou deux exceptions près tous les essais de ce genre qui ont été tentés en France sans subvention ont eu des résultats désavantageux, bien que ces bateaux ne fussent guère destinés qu'à des voyages en Europe, c'est-à-dire dans les meilleures conditions de succès.

En Angleterre, les armateurs de steamers sont pour la plupart constructeurs, et si la navigation leur donne des résultats négatifs ils en ont de positifs en fabriquant des bateaux à vapeur qu'ils sont à peu près seuls à vendre à toutes les nations d'Europe, car en France même il n'y a que des ateliers de construction insuffisants, et à part les navires des Messageries impériales, la plupart des vapeurs français sortent d'ateliers anglais.

.*.

Si cependant le désavantage de la navigation à vapeur par navires marchands ne paraissait pas incontestable pour les petites ou moyennes traversées, il est évident s'il s'agit des voyages de l'Indo-Chine.

En effet, l'on nous dit et répète qu'après l'ouverture du canal tous les ports de France, d'Italie, d'Allemagne, etc., seront mis par ce moyen à vingt-cinq jours des côtes de l'Inde, mais personne ne songe qu'ils y sont depuis bien longtemps. Par où donc s'effectue le transport des dépêches ? par où celui des ballots de soie de Chine, des graines de vers à soie, de l'indigo, de l'opium, voire même du coton, quand ces marchandises précieuses ne suffisent pas à charger les navires postaux ? Pourquoi les Compagnies des Messageries impériales et *Peninsular-Oriental* sont-elles seules à faire ce service de l'Indo-Chine par la voie

d'Égypte? Pourquoi, puisque cette route est destinée à absorber la plus grande partie du commerce et du trafic des mers de l'Inde, n'est-elle pas utilisée depuis longtemps par tout le commerce européen, car les marchandises sont transitées par le chemin de fer égyptien en quelques heures et sans plus de frais que n'en comportera le canal? Pourquoi des armateurs n'ont-ils pas depuis longtemps établi des correspondances commerciales? Pourquoi les négociants qui consentent à payer des frets élevés pour recevoir les marchandises dont nous venons de parler n'en expédient-ils pas d'Europe par la même voie, puisque les navires de l'Indo-Chine partent d'Europe à peu près sans chargement?

*
* *

A toutes ces questions nous répondrons qu'un seul essai a été tenté par une Compagnie anglaise, la *Bombay-Bengale*, qui s'est vue forcée de suspendre ce service plusieurs mois, et qui vient de recommencer une nouvelle tentative en faisant un voyage par mois, et nous répéterons invariablement que si le commerce avec l'Inde devait jamais être fait par bateaux à vapeur, depuis longtemps déjà il eût pris la voie d'Egypte; mais nous pensons faire mieux ressortir la vérité de cette opinion en établissant la dépense comparée d'un navire à vapeur et d'un voilier du même tonnage pour un voyage d'Angleterre aux Indes.

Un vapeur de 1,000 tonneaux de jauge, muni d'une machine de la force de 150 chevaux seulement, lui permettant de filer une moyenne de 8 milles à l'heure, coûte, naviguant dans la Méditerranée, tous frais compris, équipage, charbon, entretien et amortissement du capital, 1 fr. 50 par jour et par tonneau de jauge, soit par jour 1,500 fr.; marchant 8 nœuds à l'heure, soit 192 milles par 24 heures, la distance à parcourir, en passant par Suez, étant de 6,150 milles, il mettra, en tenant compte des escales et sans se préoccuper des éventualités résultant d'avaries, du mauvais temps, etc., un minimum de 40 jours à effectuer son voyage.

C'est donc $40 \times 1,500 = 60,000$ fr., soit............. 60.000 fr.

A ce chiffre il faut ajouter le prix du transit par le canal, $1,000 \times 10 = 10,000$ fr., soit.................. 10.000 fr.

Total............. 70.000 fr.

Un navire à voiles de 1,000 tonneaux coûte, tous frais
compris, équipage, entretien, amortissement du capital,
300 fr. par jour ; le voyage s'effectuant par le Cap en 120
jours, c'est donc une dépense de $300 \times 120 = 36,000$,
soit 36.000 fr.

Différence....... 34.000 fr.

Ces chiffres, que nous garantissons exacts et que nous défions de
contredire, n'ont pas besoin de commentaire, et nous demandons qui
oserait affirmer qu'il y aurait avantage de grever d'une somme de
34,000 fr. le chiffre de 36,000 que coûte un navire pour transporter
un fret dont le prix moyen par le Cap est de 80 fr. par tonneau, et peut
sur un seul voyage réaliser un bénéfice de 44,000 fr. ?

Est-il admissible qu'un navire chargeant un fret pour lequel il
reçoit 80,000 fr. et dépensant la moitié de ce prix seulement pour en
effectuer le transport, puisse jamais être remplacé par un vapeur qui
dépensera 70,000 fr. pour effectuer le même transport ?

Non, cent fois non ! — Que les enthousiastes aillent aux preuves et
ils reconnaîtront que nous sommes dans la plus exacte vérité.

*
* *

On nous objectera qu'on pourra imaginer un système de navigation
mixte, c'est-à-dire à l'aide de navires à voiles munis de machines des-
tinées à fonctionner par les temps contraires.

Ce système, selon nous, est encore moins praticable que celui des
steamers. Il a d'ailleurs été expérimenté par la marine de l'État qui, en
présence des mauvais résultats, a dû à peu près y renoncer. En effet,
outre que des navires ainsi agencés coûtent aussi cher à établir ; outre

qu'une partie du chargement doit être sacrifiée à la provision de charbon ; outre la nécessité d'avoir, indépendamment d'un équipage ordinaire de voilier, un équipage de machine, mécanicien, chauffeur, etc.; outre un entretien ruineux et l'usure beaucoup plus considérable que subit un navire qui lutte contre la mer, on ne pourrait jamais obtenir uue vitesse moyenne de plus de 5 à 6 nœuds à l'heure. Des navires dans ces conditions ne réaliseraient qu'une économie insignifiante, l'économie réalisée sur le charbon étant compensée par un séjour plus prolongé à la mer, exigeraient des capitaux considérables, seraient grevés des droits de tonnage pour le passage par le canal et ne pourraient jamais fixer *à priori* le prix de revient de leur traversée qui, soumise à toutes sortes d'éventualités, aurait toujours une durée hypothétique.

Ce mode de construction d'ailleurs devrait être inauguré, et l'on ne pourrait jamais songer à avoir une marine marchande transformée avant plusieurs années d'ici.

*
* *

Nous ne prétendons pas, en affirmant que le canal de Suez ne peut être fréquenté par les voiliers et que les voiliers ne peuvent être remplacés par des vapeurs, dire qu'il sera complètement inutile, quoiqu'une Compagnie anglaise, paraît-il, soit à la veille d'entreprendre de gigantesques travaux pour la mise en état du port d'Alexandrie, ce qui impliquerait la condamnation de l'avenir du canal ; mais qui donc en profitera de ce canal ?

Grave question, quand on songe à l'importance des capitaux qui ont été enfouis dans le désert égyptien. Sans doute nous serons taxé de pessimisme par les personnes qui, n'ayant pas comme nous la connaissance particulière de la navigation dans les mers de l'Inde, sont frappées par cet argument qui semble sans réplique : Une route qui diminue d'un tiers la distance! Mais si cette route n'est pas praticable, n'avons-nous pas raison de dire : Ne vous illusionnez pas trop, la vérité seule ne cause pas de déceptions.

La Compagnie elle-même ne saurait fixer aujourd'hui, même approximativement, le chiffre de la dépense annuelle que nécessitera l'entretien du canal, nous ne nous engagerons pas non plus sur ce terrain hypothétique, mais nous croyons qu'il dépassera nécessairement celui des recettes probables.

On peut prendre comme base, pour évaluer la quantité des bateaux à vapeur qui passeront par le canal, le nombre de ceux qui touchent actuellement à Aden et qui s'élève de 25 à 30 par mois, comprenant les voyages d'aller et retour des compagnies Péninsular Oriental, Messageries Impériales, Bombay-Bengale Cᵉ, navires de guerre de toutes puissances, transports de troupes, etc. Nous doublerons ce chiffre pour faire une plus large appréciation, mais nous ne pouvons admettre plus de deux navires traversant tous les jours le canal dans un sens ou dans l'autre, soit **60** navires par mois.

Si l'on prend comme moyenne de ces navires un jaugeage de 1,000 tonneaux, ce qui est exagéré, c'est donc 60,000 tonnes transitées par mois ou **720,000** par an. Nous demandons quel sera le droit perçu pour subvenir aux frais d'entretien du canal, au paiement des intérêts des capitaux engagés, et donner des dividendes aux actionnaires ?

Tout en admirant la grandeur de l'entreprise, nous déplorons qu'on en ait trop fait une affaire nationale et que les capitaux français soient seuls à subir l'épreuve de cette exploitation, car nous craignons qu'avant peu il n'y ait de grandes déceptions. Puissions-nous être dans l'erreur !

*
* *

Il nous reste à envisager un point délicat sur lequel la Compagnie nous donnera une loyale explication, nous l'espérons.

Au 1ᵉʳ octobre, les deux mers seront réunies, mais le canal aura-t-il les dimensions et la profondeur voulues ? Sommes-nous dans l'erreur en disant qu'à cette époque, le creusement ne sera opéré qu'à une profondeur de 7 mètres, au lieu de 8 que comporte le projet, et qui est nécessaire au passage des navires de fort tonnage ? En un mot, les travaux du percement seront-ils oui ou non terminés, et faudra-t-il encore emprunter 150 ou 200 millions ?

Ici se présente une question que les intérêts de la masse, que nous ne cessons de défendre journellement, nous obligent à examiner.

Si les travaux ne sont pas terminés, la Compagnie peut-elle les finir avec les ressources dont elle dispose, compte-t-elle en accomplir l'achèvement avec les revenus que devra donner le canal aussitôt inauguré, ou enfin se réserve-t-elle de faire un nouvel appel aux actionnaires?

Si la Compagnie peut avec ses propres ressources terminer le canal, et si ses recettes lui permettent après l'inauguration de nous payer sinon des dividendes, du moins l'intérêt de nos actions, nous nous déclarerons satisfaits et nous reconnaîtrons publiquement que nos appréhensions étaient chimériques.

Mais si, après l'inauguration, la Compagnie devait encore faire un nouvel appel aux deniers publics, si, après tant de sacrifices faits par le peuple français, elle avait encore recours à lui, soit pour achever ses travaux, soit pour entrer en exploitation, elle légitimerait nos craintes et ne pourrait le faire sans assumer une responsabilité grave, car ou nos appréciations sont exactes et le canal ne pourra, *ipso facto*, donner les résultats qu'on attend de lui, ou elles sont erronées et nous allons recevoir un éclatant démenti.

⁎
⁎ ⁎

Nous qui nous occupons avec entêtement des réformes sociales, qui cherchons tous les moyens pratiques d'assurer le bien-être du peuple, nous déplorons avec amertume les appâts que trop souvent la spéculation étale à ses yeux ignorants pour l'entraîner dans des entreprises qui, en dernière analyse, amènent des mécomptes, comme le Mobilier, les Espagnols, les Mexicains et tant d'autres dont les lésés gardent le souvenir. Si la Compagnie de Suez n'a plus à nous demander d'argent, attendons patiemment quelques mois encore la réalisation des brillantes promesses qu'elle nous a souvent faites ; mais si elle nous réserve encore un emprunt :

Commerçants, petits rentiers, employés économes, ouvriers rangés, pères de famille, c'est à vous que nous adressons ces lignes, défiez-vous des mirages lointains, songez que l'épargne due à vos peines et à vos privations ne doit pas être exposée aux hasards de spéculations dont vous ne pouvez vous rendre compte. Réservez le fruit de vos labeurs à des placements qui, pour vous donner des résultats en apparence moins brillants, vous en donneront de plus sûrs ; défiez-vous surtout des illusions que notre conscience ne nous permet pas de partager, et réfléchissez bien à nos paroles avant d'augmenter le nombre de millions enfouis déjà dans les sables d'Égypte.

Jude Delafosse,

Ex-Chef de section aux Messageries impériales maritimes.

10005. — Typographie Alcan-Lévy, boulevard de Clichy, 62.

www.ingramcontent.com/pod-product-compliance
Lightning Source LLC
Chambersburg PA
CBHW070229200326
41520CB00018B/5785